Copyright © 2020 by Happy Turtle Press

All rights reserved.

No part of this book may be reproduced in any form or by any electronic or mechanical means, including information storage and retrieval systems, without written permission from the author, except for the use of brief quotations in a book review.

A) Add the coins.

1)   = _____

2)   = _____

3)   = _____

4)   = _____

5)   = _____

B) Add the coins.

1)   = \_\_\_\_\_

2)   = \_\_\_\_\_

3)   = \_\_\_\_\_

4)   = \_\_\_\_\_

5)      = \_\_\_\_\_

C) Add the coins.

1)   = \_\_\_\_

2)   = \_\_\_\_

3)   = \_\_\_\_

4)   = \_\_\_\_

5)   = \_\_\_\_

D) Add the coins.

1)  = ____

2)  = ____

3)  = ____

4)  = ____

5)  = ____

E) Add the coins.

1)   = _____

2)   = _____

3)   = _____

4)   = _____

5)  = _____

F) Add the coins.

1)  = _____

2)  = _____

3)  = _____

4)  = _____

5)  = _____

G) Add the coins.

1)    = _____

2)    = _____

3)    = _____

4)    = _____

5)    = _____

H) Add the coins.

1)   = _____

2)   = _____

3)   = _____

4)   = _____

5)   = _____

I) Add the coins.

1)  = \_\_\_\_

2)  = \_\_\_\_

3) 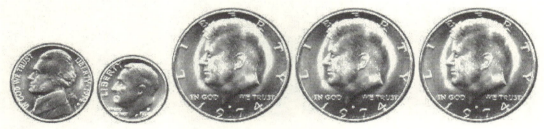 = \_\_\_\_

4)  = \_\_\_\_

5)  = \_\_\_\_

J) Add the coins.

1)   = _____

2)   = _____

3)   = _____

4)   = _____

5)   = _____

K) Add the coins.

1)   = _____

2)   = _____

3)   = _____

4)  = _____

5)  = _____

L) Add the coins.

1)  = \_\_\_\_

2)  = \_\_\_\_

3)  = \_\_\_\_

4)  = \_\_\_\_

5)  = \_\_\_\_

M) Add the coins.

1)  = \_\_\_\_\_

2)  = \_\_\_\_\_

3)  = \_\_\_\_\_

4)  = \_\_\_\_\_

5)  = \_\_\_\_\_

N) Add the coins.

1)  = _____

2)  = _____

3)  = _____

4)  = _____

5)  = _____

O) Add the coins.

1)  = ____

2)  = ____

3)  = ____

4)  = ____

5)  = ____

P) Add the coins.

1)   =\_\_\_\_

2)   =\_\_\_\_

3)   =\_\_\_\_

4)   =\_\_\_\_

5)   =\_\_\_\_

Q) Add the coins.

1)  = _____

2)  = _____

3)   = _____

4)  = _____

5)  = _____

R) Add the coins.

1)   = \_\_\_\_

2)   = \_\_\_\_

3)   = \_\_\_\_

4)   = \_\_\_\_

5)      = \_\_\_\_

S) Add the coins.

1)  = _____

2)  = _____

3)  = _____

4)  = _____

5)  = _____

T) Add the coins.

1)  = _____

2)  = _____

3)  = _____

4)  = _____

U) Add the coins.

1)  = _____

2)  = _____

3)  = _____

4)  = _____

5)  = _____

V) Add the coins.

1)  = _____

2)  = _____

3)  = _____

4)  = _____

5)  = _____

W) Add the coins.

1)  = _____

2)  = _____

3)  = _____

4)  = _____

5)  = _____

X) Add the coins.

1)  = _____

2)  = _____

3)  = _____

4)  = _____

5)  = _____

Y) Add the coins.

1)  = _____

2)  = _____

3)  = _____

4)  = _____

5)  = _____

Z) Add the coins.

1)  = _____

2)  = _____

3)  = _____

4)  = _____

AA) Add the coins.

1)

= _____

\_\_\_\_  \_\_\_\_  \_\_\_\_

2)

= _____

\_\_\_\_  \_\_\_\_  \_\_\_\_  \_\_\_\_

3)

= _____

\_\_\_\_  \_\_\_\_  \_\_\_\_  \_\_\_\_  \_\_\_\_

4)

= _____

\_\_\_\_  \_\_\_\_  \_\_\_\_

BB) Add the coins.

1)  = _____

___   ___   ___

2)  = _____

___   ___   ___   ___

3)  = _____

___   ___   ___   ___   ___

4)  = _____

___   ___   ___

Happy Turtle Press      Counting Money

CC) Add the coins.

1)    = _____

 _____  _____  _____  _____

2)    = _____

 _____  _____  _____  _____  _____

3)    = _____

 _____  _____  _____

4)    = _____

 _____  _____  _____  _____  _____

DD) Add the coins.

1)
   _____ _____ _____                                      = _____

2)
   _____ _____ _____ _____ _____                          = _____

3)
   _____ _____ _____ _____                                = _____

4)
   _____ _____ _____ _____                                = _____

EE) Add the coins.

1)  = _____

2)  = _____

3)  = _____

4)  = _____

FF) Add the coins.

1)    = _____

2)    = _____

3)    = _____

4)    = _____

GG) Add the coins.

1)  = _____

   ___  ___  ___

2)  = _____

   ___  ___  ___  ___  ___

3)  = _____

   ___  ___  ___  ___

4)  = _____

   ___  ___  ___

HH) Add the coins.

1)   = ____

2)   = ____

3)   = ____

4)   = ____

II) Add the coins.

1)  = _____

\_\_\_\_  \_\_\_\_  \_\_\_\_  \_\_\_\_  \_\_\_\_

2)  = _____

\_\_\_\_  \_\_\_\_  \_\_\_\_  \_\_\_\_

3)  = _____

\_\_\_\_  \_\_\_\_  \_\_\_\_

4)  = _____

\_\_\_\_  \_\_\_\_  \_\_\_\_

JJ) Add the coins.

1)

___  ___  ___  ___ = ___

2)

___  ___  ___ = ___

3)

___  ___  ___  ___  ___ = ___

4)

___  ___  ___  ___ = ___

KK) Add the coins.

1)

_____  _____  _____ = _____

2)

_____  _____  _____  _____ = _____

3)

_____  _____  _____  _____  _____ = _____

4)

_____  _____  _____  _____ = _____

LL) Add the coins.

1)  = ____

_____  _____  _____  _____  _____

2)  = ____

_____  _____  _____  _____

3)  = ____

_____  _____  _____

4)  = ____

_____  _____  _____  _____  _____

MM) Add the coins.

1)   = ____

2)   = ____

3)   = ____

4)   = ____

NN) Add the coins.

1)    = _____

2)  = ____

3)  = ____

4)     = _____

OO) Add the coins.

1)     = _____

2)

___  ___  ___  ___  ___  ___

___  ___  ___

= ___

3)

___  ___  ___  ___

= ___

4)

___  ___  ___

= ___

PP) Add the coins.

1)

___  ___  ___  ___

= ___

2)

___  ___  ___  ___  ___    = ____

3)

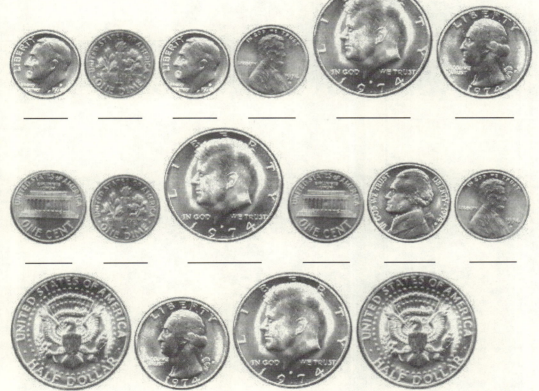

= ____

4)  = _____

QQ) Add the coins.

1)  = _____

2)  = _____

3)    = _____

___  ___  ___  ___  ___

___  ___  ___

4) 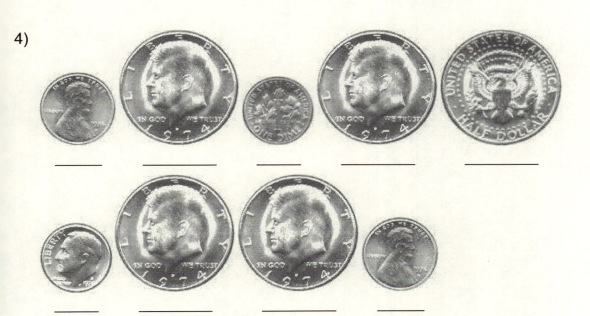   = _____

___  ___  ___  ___  ___

___  ___  ___  ___

RR) Add the coins.

1)  = _____

2)  = _____

3)  = _____

Happy Turtle Press · Counting Money

4)

= _____

___  ___  ___  ___  ___  ___

___

SS) Add the coins.

1)

= _____

___  ___  ___  ___  ___  ___

___  ___

2)  = _____

3)  = ____

4)  = ____

A) Add the coins.

1)  = $1.21

2)  = $1.25

3)  = $0.85

4)  = $0.75

5)  = $1.10

B) Add the coins.

1)  = $0.85

2)  = $0.17

3)  = $0.67

4)  = $0.51

5) = $1.26

C) Add the coins.

1)  = $0.57

2)  = $0.66

3)  = $0.85

4)  = $0.46

5)  = $1.01

D) Add the coins.

1)    = $0.22

2)   = $1.50

3)   = $1.25

4)    = $0.80

5)    = $1.01

E) Add the coins.

1)    = $0.90

2)    = $0.52

3)    = $0.58

4)    = $0.56

5)       = $1.00

F) Add the coins.

1) = $0.37

2) = $0.27

3) = $0.29

4) = $0.61

5) = $1.16

G) Add the coins.

1)   = $0.56

2)   = $0.33

3)   = $0.70

4)   = $1.26

5)   = $0.70

H) Add the coins.

1) = $0.65

2) = $1.40

3) = $1.15

4) = $0.65

5) = $0.31

I) Add the coins.

1)    = $0.77

2)    = $1.01

3)    = $1.65

4)    = $1.55

5)    = $1.60

J) Add the coins.

1) = $0.72

2) = $1.00

3) = $0.41

4) = $0.12

5) = $0.67

K) Add the coins.

1)   = $0.42

2) = $0.85

3) = $0.86

4) = $0.51

5) = $0.60

L) Add the coins.

1) = $0.45

2) = $1.31

3) = $0.35

4) = $0.60

5) = $0.56

M) Add the coins.

1)    = $1.01

2)    = $0.71

3)    = $0.96

4)    = $1.50

5)    = $0.56

N) Add the coins.

1) 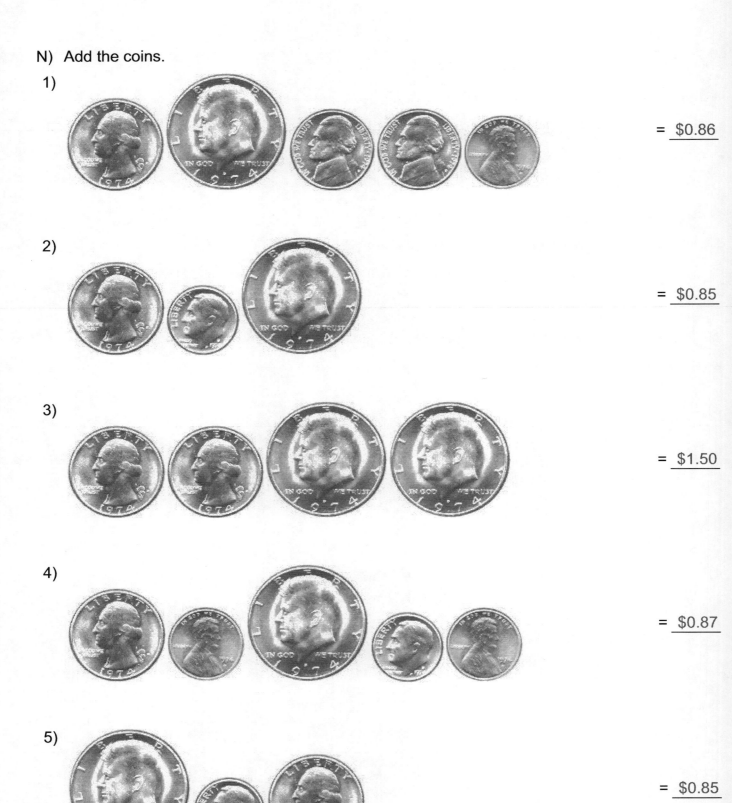 = $0.86

2) = $0.85

3) = $1.50

4) = $0.87

5) = $0.85

O) Add the coins.

1)  = $0.17

2)  = $0.36

3)  = $0.40

4) = $1.26

5) = $1.31

P) Add the coins.

1) = $0.37

2) = $0.31

3) = $1.25

4) = $0.26

5) = $1.16

Q) Add the coins.

1)  = $0.51

2)  = $1.10

3)  = $1.51

4)  = $0.85

5)  = $0.66

R) Add the coins.

1) = $0.70

2) = $0.27

3) = $0.65

4) = $0.60

5) = $1.51

S) Add the coins.

1)  = $0.16

2)  = $0.55

3)  = $0.86

4)  = $0.45

5)  = $0.66

T) Add the coins.

1)  = $0.30

2)  = $0.16

3)  = $0.22

4)  = $0.80

U) Add the coins.

1)  = $0.11

2)  = $1.06

3)  = $0.77

4)  = $0.65

5)  = $1.01

V) Add the coins.

1)  = $0.90

2)  = $0.61

3)  = $0.42

4)  = $0.55

5)  = $1.10

W) Add the coins.

1)  = $1.50

2)  = $0.25

3)  = $1.00

4)  = $0.46

5)  = $0.61

X) Add the coins.

1)  = $0.31

2)  = $0.60

3)  = $0.46

4)  = $0.30

5)  = $0.81

Y) Add the coins.

1)  = $0.40

2)  = $0.41

3)  = $0.61

4)  = $1.06

5)  = $0.25

Z) Add the coins.

1)  = $1.25

2)  = $0.86

3)  = $0.76

4)  = $0.31

AA) Add the coins.

1)    = $0.80

2)    = $1.06

3)    = $0.86

4)    = $0.45

BB) Add the coins.

1)   = $0.30

   _____  _____  _____

2) = $0.50

   _____  _____  _____  _____

3) = $0.71

   _____  _____  _____  _____  _____

4) = $0.85

   _____  _____  _____

CC) Add the coins.

1)  = $0.41

2)  = $0.91

3)  = $0.56

4)  = $0.46

DD) Add the coins.

1)  = $0.15

2)  = $1.40

3)  = $1.01

4)  = $0.77

EE) Add the coins.

1)      = $1.11

2)      = $0.20

3)      = $0.85

4)      = $0.35

FF) Add the coins.

1)

   = $0.76

2)

   = $0.40

3)

   = $0.61

4)

   = $0.90

GG) Add the coins.

1)      = $0.40

2)      = $0.47

3)      = $0.61

4)      = $0.35

HH) Add the coins.

1)   = $0.81

2)  = $0.51

3)   = $0.80

4)  = $0.86

II) Add the coins.

1)  = 102¢

2)  = 135¢

3)  = 65¢

4)  = 110¢

JJ) Add the coins.

1) 
____  ____  ____  ____                                = 25¢

2) 
____  ____  ____                                      = 70¢

3) 
____  ____  ____  ____  ____                          = 66¢

4) 
____  ____  ____  ____                                = 81¢

KK) Add the coins.

1)  = 20¢

2)  = 100¢

3)  = 82¢

4)  = 70¢

LL) Add the coins.

1)  = 57¢

2)  = 65¢

3)  = 25¢

4)  = 86¢

MM) Add the coins.

1)
= 82¢

2)
= 36¢

3)
= 85¢

4)
= 36¢

NN) Add the coins.

1)    = 412¢

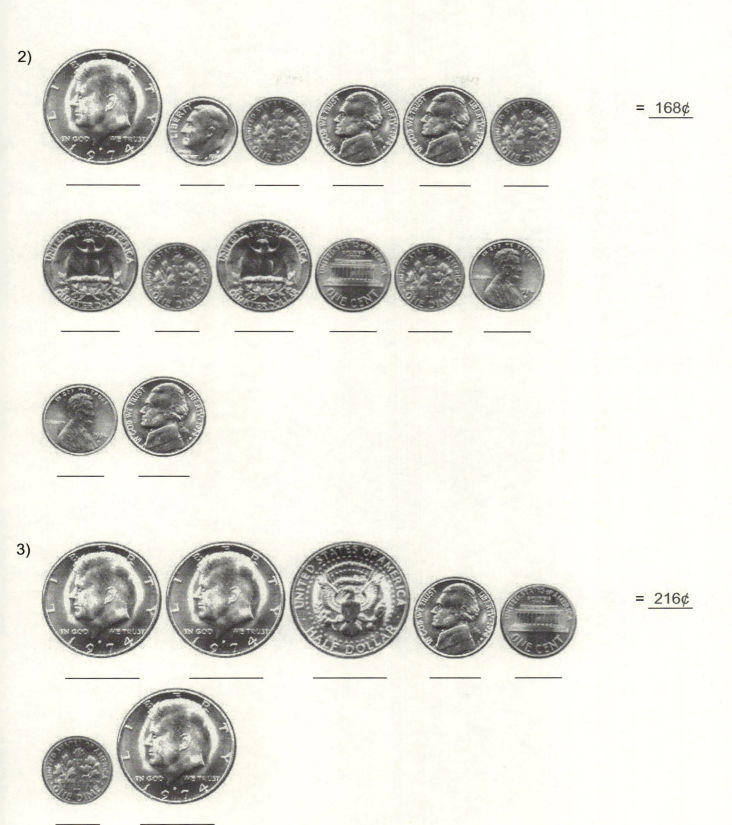

4)  = 79¢

OO) Add the coins.

1)  = 186¢

2)      = 89¢

3)    = 12¢

4)    = 16¢

PP)  Add the coins.

1)      = 40¢

2)  = 100¢

3)  = 349¢

4)    = 32¢

QQ) Add the coins.

1)    = 82¢

2)    = 98¢

3) 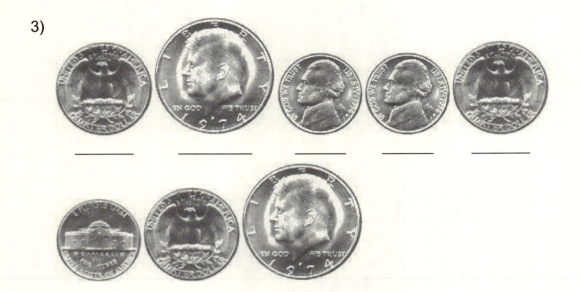  = 190¢

4) 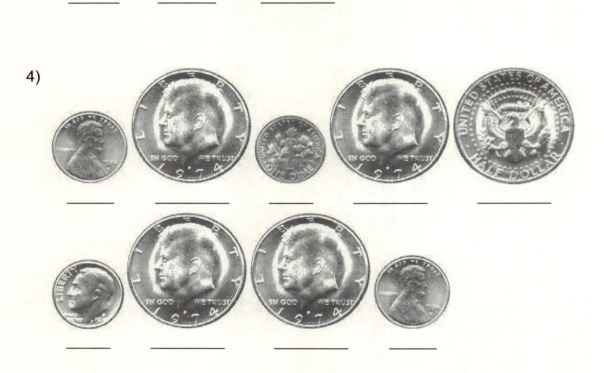  = 272¢

RR) Add the coins.
1)

   = 203¢

___  ___  ___  ___  ___  ___

___  ___  ___  ___  ___  ___

___  ___

2)  = 158¢

3)  = 72¢

4)  = 127¢

___  ___  ___  ___  ___  ___

___

SS) Add the coins.

1) = 148¢

___  ___  ___  ___  ___  ___

___  ___

2)     = __231¢__

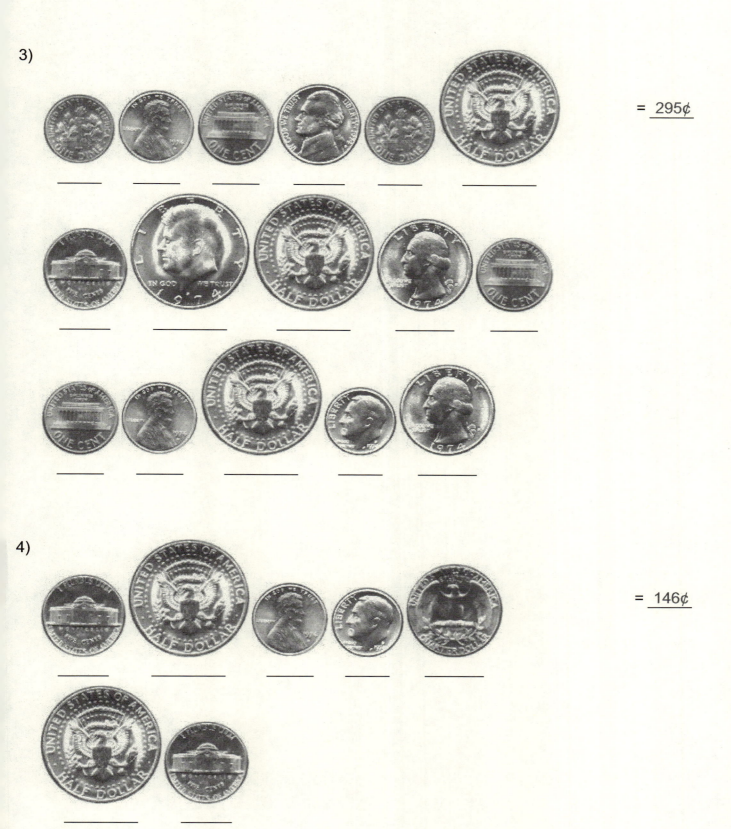

Made in the USA
Las Vegas, NV
16 July 2024

92402573R00060